STEPHAN SIGG

ECHT

Neue Gebete für junge Menschen

ZEiT

VOR**WORT**

24 Stunden am Tag, 7 Tage die Woche gibt Gott dir Energie. Er ist für dich da, und das `nonstop`: Egal, ob morgens beim Aufstehen, im vollbesetzten Bus, beim Einkaufen im Supermarkt oder wenn du abends vor dem Fernseher sitzt – in jeder Situation kannst du dich an ihn wenden.

Er hat ein offenes Ohr für dich, wie auch immer du gerade drauf bist oder wo du bist. Meine Gebete sollen dir helfen, jeden Tag und jede Nacht total aufgeweckt zu erleben. Sie sollen dich aber auch inspirieren, eigene Worte für das zu finden, das dich von früh bis spät beschäftigt.
Ich wünsche dir viel Freude mit meinen Texten!

Stephan Sigg

Mach mich wach!

Wirk mehr als zwei Energydrinks

Schieb die Sonne nach oben

Wisch den Schlaf aus meinen Augen,

damit ich sehe, wie schön du die Welt gemacht hast.

Lass die Energie neu durch meine Adern fließen

und mich die Welt erobern.

05:17

Ein neuer Tag –

1000 neue Chancen?

Ein kostbares Geschenk?

Warum kann es nicht schon abends sein?

So viele Hürden vor mir

Ich wünschte, es wäre schon zwölf Stunden später.

Hilf mir durch den heutigen Tag,

lass mich in keiner Stunde vergessen,

wie kostbar er ist.

06:10

Der Wecker schrillt,

aufstehen,

losgehen,

ein neuer Tag.

Ich hetze,

ich eile,

die Zeit fliegt,

abends todmüde

total ausgelaugt

nur noch ins Bett, an nichts mehr denken

Fortsetzung folgt im nächsten Morgengrauen

Wofür tu ich mir das an?

Wo will ich hin?

Nehme ich mir Zeit für das, was mir wirklich wichtig ist?

Nur ein paar Sekunden

bevor mein Tag startet,

durchatmen,

kurz überlegen:

Wohin bin ich unterwegs?

Was ist mein Ziel vom heutigen Tag?

Was liegt mir am Herzen?

Für wen investiere ich meine Zeit?

Was tun, damit ich abends zufrieden zurückblicke?

06:42

Blick in den Spiegel

Danke, dass du mich erschaffen hast,

selbst jetzt im Morgengrauen,

mit den Augenringen

und dem zerstrubbelten Haar

dass ich perfekt bin, so wie ich bin

auch wenn die Wangenknochen nicht so hoch sind

und meine Taille nicht so schmal

wie bei der Brünetten auf der Litfaßsäule,

meine Brust nicht so muskulös

wie bei Zac Efron.

Danke, dass du mich so unverwechselbar gemacht hast,

nicht austauschbar wie Kandidatin Nr. 568 bei Germanys Next Top Model

Danke, dass ich einzigartig bin,

mit allen meinen Ecken und Kanten.

06:49

Im Zug, ich starre durch das regennasse Fenster,
die Landschaft eilt an mir vorbei,
wie gestern, wie morgen, wie übermorgen,
die ganz normale Alltäglichkeit, und doch,
auf einmal wieder ganz deutlich vor Augen:
die vielen Wunder, die du gemacht hast:
die Tropfen, die gegen die Scheiben prasseln,
die Bäume, die sich im Sturm biegen,
die Felder, die Wiesen, voller Farben
die Wolken, die weiterziehen, um Platz zu machen,
für einen blauen Himmel, für die Sonne,
für einen neuen Tag.
Danke, dass du alles so wunderbar gemacht hast!
Danke für den neuen Tag.

06:58

Mensch an Mensch

Dicht gedrängt,

Niemand grüßt

Gesichter verstecken sich hinter Zeitungspapier

In alle Ohren Kopfhörer gestöpselt

Jeder für sich, mit niemandem reden,

kein Lächeln, kein Guten Morgen,

lasst mich in Ruhe, lasst mich allein

ich bin gar nicht hier.

Du sollst den Nächsten lieben wie dich selbst?

Es ist mir zu eng hier, zu muffelig

ich könnte alle auf den Mond schießen.

Ist mir egal, wie es den anderen geht.

Jeder ein Geschöpf Gottes?

Nicht immer einfach, dich in anderen Menschen zu entdecken.

07:30

Retten wir die Welt,
heute und nicht morgen,
bringen wir in Ordnung,
was bisher niemand schaffte
Keine Chance? Vergebliche Mühe?

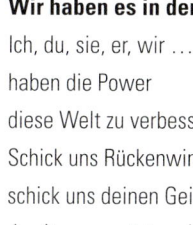

Nicht mit uns! Zuerst mal probieren,
danach bleibt immer noch genug Zeit,
den Kopf in den Sand zu stecken,
Wir haben es in der Hand
Ich, du, sie, er, wir …
haben die Power
diese Welt zu verbessern.
Schick uns Rückenwind,
schick uns deinen Geist,
damit es vorwärts geht!

08:00

Ihre Frisur ist einfach peinlich,

seine Witze nerven schon lange,

ihr Lachen zu oft gehört,

und er da, in der letzten Reihe, mit dem ständigen Nachhaken.

Wenn die beiden miteinander tuscheln, könnte ich sie erwürgen

und die ganz vorne, die hört alte Schlagersongs!

Gott, hilf uns, einander zu akzeptieren

so verschieden wie wir sind,

mit allen Tricks und Macken,

mit allen Sonderheiten,

da jeder von dir genauso erschaffen wurde.

Gleich gehts los,
meine Hände feucht,
ein Kratzen im Hals,
Ich bin nervös
Am liebsten würde ich im Boden verschwinden
Wie soll ich das nur schaffen?

Schenk mir das Vertrauen in mich selbst
Schenk mir das Wissen
Schenk mir die richtigen Worte,
steh an meiner Seite,
wenn es um alles geht.

09:57

Danke, heute läuft es wie geschmiert,
1000 Ideen sprudeln aus mir heraus
ich weiß gar nicht mehr, wohin damit
Danke, dass ich volles Rohr nach vorne will
und ich spüre, dass da jemand ist,
der mich antreibt,
der den Strom durch meine Adern schießt
Danke für deine Energie.

11:15

Und wieder sitze ich da – alles andere als überzeugt.
Als wäre ich mitten im vollbesetzten Stadion,
prasseln von allen Seiten die Fragen auf mich herunter:
Bin ich am richtigen Platz?
Was hast du mit mir vor?
Was soll das Ziel von allem sein?
Habe ich vielleicht doch die falsche Abzweigung genommen?

Warum hast du mich auf diese Welt gestellt?
Was hast du dir dabei gedacht?

Warum unternimmst du nichts, Gott,

wenn du schon allmächtig bist?

Siehst du nicht, dass hier etwas aus dem Ruder läuft?

Warum machen sie nichts, die Politiker,

kapieren sie nicht, was auf dem Spiel steht?

Warum schauen sie einfach zu, die Kinder, die Erwachsenen, die Jungen, die Alten,

unsere Gesellschaft?

Und zucken nur mit den Achseln?

Warum schalte ich um,

drehe die Musik noch ein bisschen lauter,

damit ich nicht höre, was ich nicht hören will?

Warum schiebe ich auch dieses Mal

die Verantwortung auf andere?

Zum Italiener, zum Chinesen

oder einfach nur schnell rein in die nächste Fastfoodbude.

Nein, da war ich erst gestern.

Abends noch zu Kebab verabredet.

Was soll ich essen? Auf was habe ich heute Lust?

Wieder mal die Qual der Wahl.

Und doch nicht bewusst,

welch großes Geschenk das ist.

Danke für die große Speisekarte,

die uns täglich zur Verfügung steht,

für jeden Geschmack, für jede Stimmung etwas dabei.

Verzeih, den halben Teller, der im Müllsack gelandet ist,
wieder mal zu viel geschöpft,
Verzeih die weggeworfenen drei Fruchtjoghurts,
das Ablaufdatum hatte ich total übersehen,
Verzeih, die zwei Chipstüten im Abfall,
zu spät erinnert, dass der Curry-Geschmack überhaupt nicht mein Ding,
Verzeih den verfaulten Apfel,
ich hatte die letzten Tage einfach keine Lust auf Obst
Verzeih unsere Verschwendung!

12:47

Pflanz mir Geduld,

wenn ich wieder mal mit dem Kopf durch die Wand will.

Hilf mir, auf dich zu vertrauen,

wenn es einfach nicht vorwärts geht,

ich überall gebremst werde

und 1000 Steine in die Fahrbahn gelegt werden.

Schenk mir das Vertrauen,

dass es schon noch passiert,

dass man manchmal warten muss,

dass der Traum manchmal erst übermorgen in Erfüllung geht.

13:56

Will jeden Tag noch mehr auf dich bauen,
ein Stück mehr vertrauen,
ein bisschen höher klettern mit dir, Gott!
Will jede Nacht mich ein bisschen tiefer wagen
in die Dunkelheit,
ein paar Meter tiefer springen, mich weiter raustrauen ins offene Meer,
allem Schlechten die Stirn bieten,
mich gegen das Böse stellen mit dir,
mich immer wieder neu übertreffen!
Hilf mir, mit dir zu wachsen!

14:59

Bei dir muss ich nicht noch mehr Einsatz leisten
Den Notendurchschnitt immer weiter optimieren
Mich überbieten, meine Leistung noch weiter
steigern, damit ich es in die nächste Liga schaffe.
Du bewertest mich nicht nach meinen Erfolgen,
nach super Zahlen, Traumresultaten,
du nimmst mich so wie ich bin.
Bist zufrieden mit dem, was ich kann.
Danke, Gott!

Auf zur Jagd nach dem günstigsten Teil,

dem abgefahrensten Schnäppchen.

Die Stoffe gleiten durch die Finger,

ich wühle in den Boxen

und schlüpfe in der Umkleidekabine

in 100 verschiedene Modelle,

zu groß, zu klein, zu rot, zu eng,

produziert in Taiwan, made in China,

denke keine Sekunde daran,

wer das gewesen sein könnte,

so weit entfernt, was kümmern mich diese Leben?

Wie die wohl leben? Wie viel Geld kassieren die pro verkauftes T-Shirt?

15:12

Stephan Sigg

→ geb. 1983

→ Theologe, Autor & Journalist

→ Mehr als 40.000 verkaufte
Exemplare von „Treibstoff"!

→ www.stephansigg.com

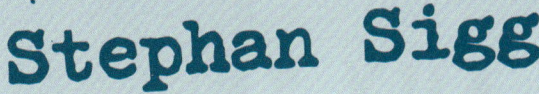

✚ TYROLIA

Was ich dir zur Firmung wünsche

In diesem Geschenkbuch zur Firmung findet sich all das, was man Jugendlichen auf dem Weg zum Erwachsenwerden mitgeben möchte

durchgehend farb. Illustriert, gebunden
ISBN 978-3-7022-3565-9
40 Seiten, € 9.95

Echtzeit
Neue Gebete für junge Menschen

24 Stunden lang – was freut dich, was belastet dich – und wie kannst du es Gott sagen? Unkonventionelle Texte, verpackt in flottes Design mit knalligem Leuchtorange.

durchgehend farb. illustriert, Broschur
ISBN 978-3-7022-3171-2
96 Seiten, € 7.95

Friedens-Rap
Das Franziskus-Gebet für junge Menschen

Berge versetzen? Ziemlich unmöglich! Doch Steine ins Rollen bringen – das kann jeder! Stephan Siggs neue Texte machen das Franziskus-Gebet zu einem topaktuellen Klassiker.

durchgehend farb. illustriert, Broschur
ISBN 978-3-7022-3293-1
48 Seiten, € 4.95

3. Auflage

STEPHAN SIGG

TREIB-STOFF

ZÜNDENDE GEBETE ZU BRENNENDEN FRAGEN

6. Auflage

TYROLIA

FORM MICH, FIRM MICH, JETZT ENTSCHEIDE ICH!

TYROLIA

Treibstoff
**Zündende Gebete
zu brennenden Fragen**

Vom Brot-Rap bis zur jenseitstrunkenen
Performance sind in diesem topaktuellen
Gebetbuch alle Themen versammelt,
die den Jugendlichen unter den Nägeln
brennen.

durchgehend farb. Illustriert, Broschur
ISBN 978-3-7022-2821-7
96 Seiten, € 7.90

Form mich,
firm mich -
jetzt entscheide ich!

Ganz klar: Die Lebensstraße ist kein
Highway ins Paradies. Dass da Firmung
vielleicht gar nicht so uncool wäre, zeigt
dieses Buch.

durchgehend farb. illustriert, gebunden
ISBN 978-3-7022-2903-0
76 Seiten, € 14.90

**NÄCHTELANG
UND MEILENWEIT**
Was Freundschaft ausmacht

Warum sind Freunde wichtig? Wie zeigt
sich, ob ich jemandem vertrauen kann?
Originelle Texte und Anregungen zum
Thema Freundschaft.

durchgehend farb. illustriert, Broschur
ISBN 978-3-7022-3524-6
128 Seiten, € 12.95

FUNKENFLUG
7x Zündstoff für dein Leben
Das Buch zur Firmung

Stephan Sigg macht mit griffigen Worten
deutlich, wie viel Zündstoff und Kraft in
den 7 Gaben des Heiligen Geistes stecken, die wir bei der Firmung empfangen.

durchgehend farbig illustriert, Klappenbroschur
ISBN 978-3-7022-3409-6
144 Seiten, € 12.95

Erhältlich in jeder Buchhandlung oder bei: 1100286, Preisstand 11/2016

TYROLIA VERLAG, Exlgasse 20, A-6020 Innsbruck
Tel. ++43 (0)512 / 2233-211, E-Mail: auslieferung@tyrolia.at, **www.tyrolia-verlag.at**

15:46

Du applaudierst für mich,
selbst wenn keiner noch einen Cent auf mich setzen würde,
niemand mehr bereit ist, sich noch weiter für mich einzusetzen,
weil schon so viele Chancen ungenutzt verstrichen sind, zu oft
Mist gebaut wurde. Du glaubst an mich ohne einen Funken Zweifel,
weil du weißt, was noch in mir steckt!

16:02

Machen wir sie platt:

jede Form von Diskriminierung, jede Art von Rassenhass,

treten wir den kleinsten Funken aus

damit nicht mehr gefoppt wird, wenn jemand anders ist,

gehänselt wird, weil jemand anders lebt als die Mehrheit,

weil einer auf Schlager steht,

weil eine Prinzessinnenröckchen trägt.

Gott, hilf uns dabei, dass endlich jeder so leben kann,

wie es für ihn stimmt!

16:23

Nieder mit den Pessimisten,
lass sie verstummen!
Nieder mit allen, die sagen:
Es geht nicht, es hat keinen Sinn,
denn es geht – es geht irgendwie
Nieder mit allen, die uns hindern,
etwas aus uns, etwas aus der Welt zu machen
Nieder mit allen, die uns belächeln,
weil wir glauben, dass dies hier noch nicht alles ist.
Gott hat noch eine Menge mit uns vor.

17:10

Schon seit Stunden sitzen wir rum,
zappen durch die Kanäle,
antriebslos, ziellos,
schlagen die Zeit tot
dabei gäbe es so viel zu tun,
zu verändern, zu verbessern
Erinnere uns, die Tage nicht zu
verschleudern sondern zu nutzen,
was du uns geschenkt hast,
etwas zu machen aus uns und unserer Welt!

Alle Anforderungen erfüllt,

die Lippen perfekt angestrichen,

die Frisur saß perfekt

die richtigen Worte gefunden

es hätte nicht besser laufen können,

mich im besten Licht präsentiert

und doch:

„Wir bedauern, Ihnen …"

Für eine andere entschieden

Sympathischer, klüger, passender …

Ich könnte laut schreien,

das Handy an die Wand schleudern.

Wohin mit dieser Wut?

Warum es nochmals probieren?

Hör mich, Gott! Zeig mir, dass das doch irgendeinen Sinn hat!

Wann kommt Mr. Right, wann kreuzt Miss Perfect meinen Weg?

Wann ist bei mir alles so rosarot

wie in der aktuellen Folge meiner Lieblingstelenovela:

verliebte Blicke, Traumhochzeit.

Wann schickst du mir den Menschen,

der mit mir durchs Leben geht,

der bei mir ist, in guten und schlechten Zeiten?

Lass mich nicht zu lange warten!

Hilf mir, an dich zu glauben,

so wie andere jubeln für ihren Star in der Champions League

total überzeugt, dass du der Richtige bist,

dass es richtig ist,

ohne Zweifel, ohne Nagen,

dass es wirklich so ist,

wie man es schon in alten Büchern erzählt hat

18:01

18:17

Aneinander vorbeigemailt,
in der SMS ein Wort falsch aufgefasst
eine nebensächliche Bemerkung total überbewertet
oft völlig ungewollt den anderen verletzt,
irritiert, angegriffen, sauer gemacht.
Leg uns die richtigen Worte in den Mund,
steck uns die richtigen Buchstaben in die Finger,
damit unsere Kommunikation funktioniert,
unsere Dialoge sitzen,
damit wir die richtigen Worte finden
für das, was wir einander sagen wollen.

19:11

Unsere Hilfe will sie nicht,

unsere Warnungen schlägt sie lachend in den Wind

und nennt uns Feiglinge.

Drum bitte, Gott, geh mit ihr,

begleite sie, damit die Nacht sie nicht verschlingt,

damit sie sich nicht blenden lässt von falschen Versprechungen,

damit sie sich nicht verführen lässt von fiesen Lügen,

damit ihr nichts geschieht,

dass sie erkennt, wer Freund, wer Feind ist

gib ihr Rückendeckung!

Ohne Worte, total fassungslos.

Doch die Nachrichtensprecherin verkündet es,

ohne mit der Wimper zu zucken:

Schon wieder einer im Triebwerk des Flugzeugs erfroren

50 ertranken im Meer,

70 erstickten im Lastwagen,

10 wurden zurückgeflogen in die Hölle des Bürgerkriegs.

Menschen wie du und ich

versuchten nach Europa zu fliehen

in der Hoffnung auf ein besseres Leben

doch die Grenzen waren dicht.

Warum lassen wir dieses Morden zu?

20:02

Und schon startet die nächste Reality-Show
und wir legen los:
reißen Witze über die Frau mit den vielen Falten
lästern über den Mann mit der nuscheligen Stimme
grinsen über den Bauer mit der verwahrlosten Küche
lachen uns Tränen über die naive Single-Frau.
Verzeih, dass wir uns über andere lustig machen,
dass wir über ihre Makel spotten!

20:15

20:16

Gib allen, die keine Stimme haben, das beste Mikrofon
damit sie meilenweit zu hören sind und das ganze Land beschallen
damit endlich keinem mehr entgeht, was hier falsch läuft
Schieb alle, die nie beachtet werden, ins Scheinwerferlicht
damit niemand mehr einfach so an ihnen vorübergeht
Schick allen, deren dreißigste Bewerbung erfolglos war
ein Bewerbungsdossier, das das beste in den Schatten stellt

Überweise allen, deren Ideen für eine bessere Welt zu teuer sind, Millionen,
damit sie unsere Welt besser machen können.

Schenk allen, die verzweifelt an den Grenzen Einlass verlangen, die klügsten Anwälte,
damit ihnen die Staaten endlich Aufenthalt gewähren.

Bring alle, die jetzt noch ganz unten und hinten sind,

ganz weit nach oben, ganz weit nach vorne!

Auch in dieser Minute wirken sie:

die vielen Engel dieser Welt

bei den Obdachlosen in den Millionenstädten,

bei den Opfern des Kriegs,

bei den Sterbenden in den Krankenhäusern,

bei den Kindern ohne Mum & Dad,

bei den Junkies in den Ghettos,

bei den Einsamen in der anonymen Hochhaussiedlung,

bei den Betroffenen der großen Hungerkatastrophe.

Hut ab vor allen, die sich für andere einsetzen

und doch nie im Rampenlicht stehen!

20:17

Schenk allen Kraft,

die gerade einsam sind,

die aus dem Fenster starren,

auf das Leben, das draußen vorbeirauscht.

Die nicht wissen, wohin

mit sich, dem Leben, dem Abend.

Und die niemanden haben,

der auf sie wartet,

der für sie kocht,

der sich im Kino neben sie setzt,

der sie zum Pizzaessen einlädt,

schenk jedem einen Freund.

20:37

Der nächste Award für Britney Spears – Applaus, Applaus!
Lasst uns jubeln und beeindruckt sein
von der glamourösen Preisverleihung!
Alles blitzblank poliert, perfekt frisiert, geschminkt,
jeder trägt Designerroben und strahlt um die Wette
das Leben ist eine rauschende Party …
… heute schon dem applaudiert, dem alles zu verdanken ist,
ohne den es alles nicht geben würde?

21:04

Heute Nacht würde ich

dich, Gott, so gerne finden,

während wir tanzen und alle eins sind,

mitten auf dem Dancefloor, mitten in der Menge

dass sich plötzlich alle Scheinwerfer auf dich richten,

dass die Musik plötzlich stoppt

damit endlich dieses Kopfzerbrechen vorüber ist,

diese endlosen Diskussionen, ob du ein alter, weiser Mann bist

oder doch eine junge Frau oder gar beides

damit wir endlich wissen, wer du bist, wie du bist, wie du sprichst

und warum wir alle hier sind.

Sei heute Nacht mitten im Club bei uns – wann zeigst du dich?

21:10

21:12

Hilf mir, das Lenkrad zu halten,

nicht von meinem Kurs abzuweichen,

zu meiner Meinung zu stehen,

Nein zu sagen, selbst wenn alle Ja brüllen

mutig geradeaus zu düsen, wenn alle links abbiegen,

lass mich mein Ziel nie aus den Augen verlieren.

22:43

Bei dir gibt es keine Türsteher,

bei dir kommt jeder rein

du musterst niemanden mit finsterer Miene

dir muss man keine Scheinchen stecken,

um auf der Gästeliste zu landen,

bei dir steht man nicht stundenlang

draußen in der Kälte

ist dabei

auch ohne Mini-Rock, ausgeflipptem Make-up

und einflussreicher Clique.

Danke, dass wir alle bei dir willkommen sind.

22:47

Dieser Abend, unser Kompliment dafür!

Er ist so schnell vergangen

was haben wir gelacht,

bis uns alles weh tat.

Danke für die DVD,

die vollen Schüsseln mit der neuen Paprika-Chipssorte

danke für das Leben, in allen seinen Farben

für die Freunde

und die Sternschnuppe auf dem Nachhauseweg

und den kühlen Nachtwind in meinem Gesicht!

Sei bei mir, wenn wieder die Welle kommt,

wenn ich mich mitten in dieser Menge

unheimlich alleine fühle

und trotz vieler Freunde einsam bin

wenn alle lachen, während ich einfach nur weinen könnte

Gib mir Sicherheit, dass du gerade dann besonders bei mir bist,

weil du mich so gut kennst wie niemand anderer

und wir uns auch ohne Worte verstehen.

23:26

Meine heutige Essensbilanz:

- 1 Müesli
- 1 Apfel
- 3 Kaugummis
- 1 x Spaghetti Bolognese
- 1 Cappuccino
- 1 großes Vanille-Eis (mit Sahne)
- 1 Hamburger, mit Pommes frites
- 1 Packung Erdnüsse
- 4 Gläser Cola
- Und jetzt noch: 3 Gummibärchen, damit ich besser schlafe

So viel gegessen und **für selbstverständlich genommen**,
wovon anderswo schon die Hälfte ein riesiges Festmahl wäre.

23:38

Und dann reden wir plötzlich von dir,
wer sich hinter deinem Wort verbirgt
wie du bist – Frau, Mann oder beides?
Warum die Welt ist, so wie sie ist
ob man mit dir sprechen kann
und ich? Bring kaum ein Wort heraus,
alles klingt wie aus dem Kindergarten,
wie von vorgestern.
Schick deinen Geist, damit er mir Mut macht,
offen zu sagen, was ich glaube,
worauf ich hoffe,

wovon ich träume

23:40

23:40

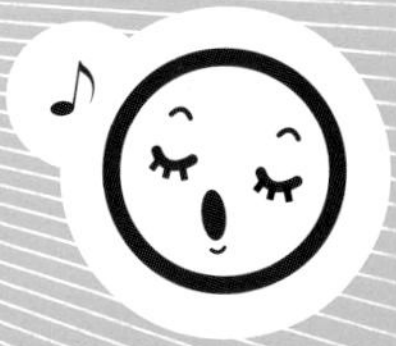

23:44

Ich würde so gerne rübergehen,
und es einfach sagen,
eigentlich gestern, vorgestern schon,
doch ich weiß nicht wie,
jedes Mal verlässt mich der Mut
meine Kehle ist wie zugeschnürt,
es rauscht in den Ohren.
Schenk mir die richtigen Worte,
bevor es zu spät ist.
Schenk mir Mut,
auszusprechen,
was ich in mir drin fühle,
es zu bekennen
damit endlich feststeht, was Sache ist.

Lass mich schlafen,

ordne das Chaos in meinem Kopf

so viele Gedanken über mich, dich, das Leben, die Zukunft

ich wälze mich rastlos hin und her.

Lass mich auf dich vertrauen,

dass ich auf alle Fragen eine Antwort finden werde,

dass sich alle Knöpfe lösen

sich über Nacht der Nebel verzieht

und ich meine Route finde.

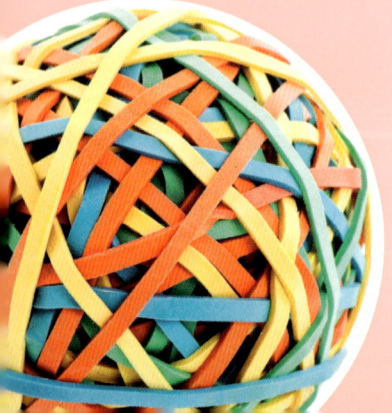

23:54

23:57

Wieder mal vergessen, den Computer auszuschalten,
wieder mal das Licht im ganzen Haus brennen lassen,
wieder mal das Sandwichpapier ins Gebüsch geworfen,
weil kein Mülleimer in der Nähe war,
wieder mal unter der Dusche die Zeit vergessen,
wieder mal zu lange das Fenster offen gelassen,
wieder mal mich zum Fußballtraining chauffieren lassen,
weil es mir zu kühl war für das Rad.
Verzeih, dass ich heute so viele Ressourcen verschwendet habe.

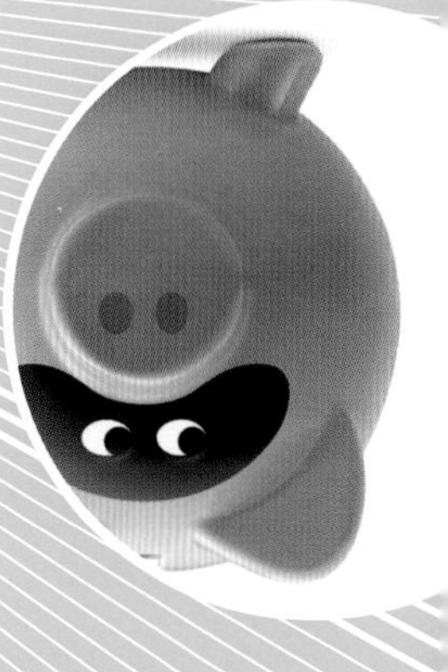

Fest vorgenommen:

vor dem Lichterlöschen kurz mit dir sprechen!

Aber jetzt? Wieder mal völlig k. o., total geschafft,

zu ausgelaugt, um noch einen klaren Gedanken zu fassen.

Sorry, dass ich zu müde bin, dir von meinem Tag zu erzählen,

dir zu danken, dich zu bitten, dich zu fragen.

Deshalb ganz kurz: DANKE!

Und: morgen mehr – ganz großes Ehrenwort!

00:20

Danke, dass du heute wieder bei mir warst,

gerade dann, wenn es mir am wenigsten bewusst war,

und dich wieder mal vergessen habe,

dass du mir geholfen hast,

ganz ungefragt, ganz unbemerkt,

mich bewahrt hast vor so mancher Panne,

vor falschen Schritten, falschen Worten.

Danke, dass du nicht von meiner Seite gewichen bist,

auch wenn du mit manchem vielleicht nicht einverstanden warst.

STICHWORTVERZEICHNIS

STEPHAN SIGG, geboren 1983, Theologe und Autor aus der Schweiz, hält Lesungen und Schreibworkshops für junge Menschen und ist in der Weiterbildung von Religionslehrern tätig. Mit seinen Texten in jugendgerechter Sprache erreicht er ein Riesenpublikum.
Mehr Information über ihn auf **www.stephansigg.com**

Neue Gebete für den Draht zu Gott

24 Stunden lang – was freut dich, was
belastet dich – und wie kannst du es
Gott sagen?

Stephan Siggs neue Gebete sind ein
Angebot zu jeder Tages- und Nachtzeit
und in jeder Gemütslage.

—

„Pfiffige Gebete zum Wachwerden,
zum Runterkommen, zum Gas geben –
in der Sprache der heutigen Jugend"
(Katholische Jugend Salzburg)

„Absolut zu empfehlen!"
(Borromedien)

ISBN 978-3-7022-3171-2

9 783702 231712

www.tyrolia-verlag.at